Kant *ponsen*

W0279379

Annelies Karduks

FORTE UITGEVERS

Inhoud

ISBN 90 5877 380 9
NUR 475

Dit is een uitgave van
Forte Uitgevers BV
Postbus 1394
3500 BJ Utrecht

Voor meer informatie over de creatieve boeken van Forte Uitgevers:
www.forteuitgevers.nl

Begeleiding: Hilde Vinken
Eindredactie: Gina Kors-Lambers, Steenwijk
Fotografie en digitale beeldbewerking: Fotografie Gerhard Witteveen, Apeldoorn
Vormgeving omslag en binnenwerk: BADE creatieve communicatie BV, Baarn

Voorwoord

Ponsen blijft één van mijn favoriete technieken bij het kaarten maken. In dit boek gebruik ik mijn nieuwste kristalponsen en verschillende mooie mozaïekponsen. Speciaal voor de kristalponsen heb ik Ready-to-punch vellen ontworpen. Het gebruik van deze vellen biedt weer nieuwe mogelijkheden om prachtige kaarten te maken. De patronen voor de mozaïekponsen staan op ware grootte in het boek. Ik ben benieuwd naar je reactie.

Wil je op de hoogte blijven van alles wat ik in de toekomst nog voor je in petto heb kijk dan op blz. 32.

Ponsgroeten,

Annelies

Lieve William, bedankt voor het koken!

Technieken

Lees deze instructies heel goed en bekijk de stap-voor-stap foto's voor je aan het werk gaat.

Ponsen

Gebruik ponspapier (papier van ongeveer 120 gram) of Ready-to-punch vellen. Ga staan voor het ponsen. Leg de pons met de knop naar beneden op een harde ondergrond. Schuif de vorm met het patroon boven in de pons. Wanneer de vorm precies goed in de pons zit, druk je de pons met één hand aan, zodat de vorm een beetje vast komt te zitten. Zet twee duimen en een gekromde wijsvinger rondom de ponsopening en druk de pons door. Verwijder alle snippers papier. Herhaal deze werkwijze zo vaak als nodig is.

Versieren van de kaart

Er is in dit boek gekozen voor embossing en stempelinkt als extra versiering.

Embossen

Snijd de vormen uit, zoals bij de beschrijving staat aangegeven. Plak de mal op de lichtbak. Plak de vorm met de goede kant naar beneden met mallentape op de mal. Trek de verlichte vormen na met de embossingtool. Gebruik eventueel pergasoft om soepeler te kunnen embossen.

Stempelinkt

Het mooiste resultaat met stempelinkt krijg je als je eerst embost. Draai daarna de mal met vorm om en leg ze op je werkvlak. Dep met een stempelsponsje op het stempelkussen en spons het motief op de vorm. Laat dit even drogen.

1. Mozaïekponsen: Kopieer het patroon op gekleurd ponspapier. Pons de stroken en knip ze volgens de hulplijnen.

2. Plak de eerste geponste strook altijd aan de vouw van de kaart.

3. Plak de andere strookdelen netjes op.

4. Kristalponsen: Leg het Ready-to-punch vel recht of schuin neer en snijd het motief. Pons het patroon.

Gebruikte materialen

- *kaartkarton en papier: cArt-us (CA), Mi-teintes Canson (C) en Papicolor (P), van alle kartonsoorten staan de kleurnummers vermeld*
- *rilpen*
- *snijliniaal met metalen rand*
- *snijmat*
- *hobbymes*
- *mozaïekponsen*
- *kristalponsen*
- *ponsvellen Ready-to-punch*
- *pincetschaar*
- *harmonicamallen*
- *mallentape*
- *3D knipvellen*
- *fotolijm*
- *lichtbak*
- *3D tape/blokjes en/of siliconenkit*
- *embossingtool*
- *eyelettool*
- *hamer*
- *naald*
- *potlood*
- *gum*
- *Pritt on & off*

Kaart van de omslag

Nodig:
- *karton: hagelwit P30 (CA210), irisblauw P31, sering P37 (CA487)*
- *papier: hagelwit P30 (CA210), sering P37 (CA487)*
- *mozaïekpons ornament ster/lelie*
- *knipvel Picturel lentebloemen*
- *charms teksten*
- *bradletz rond zilver*

Snijd, ril en vouw een dubbele irisblauwe kaart van 10,5 x 14,8 cm. Kopieer patroon E tweemaal op wit en tweemaal op seringkleurig papier. Snijd de patronen uit en pons de stroken. Knip de witte stroken over de hulplijnen 1 en 4. Knip de seringkleurige stroken over de hulplijnen 1 en 6. Plak de stroken op de kaart. Snijd een irisblauwe rechthoek van 7 x 11,5 cm, een witte rechthoek van 6,5 x 11 cm, een seringkleurige rechthoek van 6 x 10,5 cm en een irisblauwe rechthoek van 5,5 x 10 cm. Plak alle rechthoeken op de kaart. Voorzie de kaart van het plaatje in 3D. Bevestig de charm met twee bradletz.

Roze bloemen

Nodig:
- ❏ *karton: purper P13, lila P14 en wit P30 (CA210)*
- ❏ *papier: purper P13, lila P14 en wit P30 (CA210)*

Kaart 1

Extra nodig:
- ❏ *mozaïekpons ornament kruis*
- ❏ *3 knipvellen Shake it witte laterus nr. 395*
- ❏ *charms teksten*
- ❏ *bradletz zilver rond*

Snijd, ril en vouw een dubbele purperen kaart van 10,5 x 14,8 cm. Kopieer patroon G tweemaal op lila en tweemaal op wit papier. Snijd de patronen uit en pons de stroken. Knip de lila stroken over de hulplijnen 1 en 6. Knip de witte stroken over de hulplijnen 1, 2, 3, 4, 5 en 6. Plak de stroken op de kaart. Snijd twee driehoeken uit de kaart 0,5 cm vanaf de opgeplakte stroken. Snijd een purperen vierkant van 4,5 x 4,5 cm en snijd deze diagonaal door. Plak hierop de restanten van de witte stroken. Plak de driehoekjes op de kaart. Voorzie de kaart van het plaatje in 3D. Bevestig de tekstcharm met bradletz.

Kaart 2

Extra nodig:
- ❏ *mozaïekpons ornament bloem/hart*
- ❏ *Fiskars texture plates energy*
- ❏ *3 knipvellen Shake it roze pioenrozen nr. 383*

Snijd wit karton van 10,5 x 21 cm. Geef aan de bovenkant het midden aan. Ril en vouw de kaart tot een driehoek. Kopieer patroon C tweemaal op lila papier.

Snijd de patronen uit en pons de stroken. Knip de stroken over hulplijn 1. Snijd een purper vierkant van 14 x 14 cm. Snijd een wit vierkant van 8 x 8 cm en snijd dit diagonaal door. Embos de witte driehoek. Plak alles op de kaart en snijd het geheel netjes langs de kaart af. Voorzie de kaart van het plaatje in 3D.

Kaart 3

Extra nodig:

- ❑ *mozaïekpons ornament blad*
- ❑ *Fiskars texture plates spirit*
- ❑ *knipvel Shake it stap voor stap roze rozen nr. 400*
- ❑ *charms teksten*
- ❑ *bradletz zilver rond*

Snijd, ril en vouw een dubbele lilakleurige kaart van 13,5 x 13,5 cm. Kopieer patroon F tweemaal op wit en tweemaal op purper papier. Snijd de patronen uit en pons de stroken. Knip de stroken over de hulplijnen 5 en 6A. Lijm de rest van de stroken één voor één in en plak de kaart over de strook gelijk aan de hulplijnen 1 en 4. Knip de stroken netjes langs de kaart af. Snijd een purperen vierkant van 9 x 9 cm en een wit vierkant van 8,5 x 8,5 cm. Embos het witte vierkant. Plak alles op de kaart. Voorzie de kaart van het plaatje in 3D. Bevestig de tekstcharm met bradletz.

Kaart 4

Extra nodig:

- ❑ *mozaïekpons winter*
- ❑ *Fiskars texture plates illusie*
- ❑ *3 knipvellen Shake it roze laterus nr. 396*
- ❑ *strassteentjes roze 4 mm*
- ❑ *Scribbles glittering crystal*

Snijd, ril en vouw een dubbele purperen kaart van 13,5 x 13,5 cm. Kopieer patroon A tweemaal op lila en tweemaal op wit papier. Snijd de patronen uit en pons de stroken. Knip de stroken over de hulplijnen 1, 3, 4 en 6. Plak de stroken op de kaart. Snijd een purperen vierkant van 8 x 8 cm, een lila vierkant van 7,5 x 7,5 cm en een wit vierkant van 4,5 x 4,5 cm. Embos het lila vierkant. Plak alles op de kaart. Voorzie de kaart van het plaatje in 3D. Doe een klein druppeltje Scribbles op de plek waar de strassteentjes moeten komen en duw de strassteentjes met behulp van een pincet voorzichtig in de scribbles.

Congratulations
2.
1.
Thank You!
4.
3.

Harmonicakaarten

Kaart 1

Nodig:

- ❑ *karton: dageraad C103 en wit C335*
- ❑ *kristalpons nr. 3*
- ❑ *Ready-to-punch vel 3C*
- ❑ *knipvel Marjoleine roze rozen*
- ❑ *harmonicamal schuine hoek*
- ❑ *stickerlijntjes goud*
- ❑ *rode vierkante paperclips*

Snijd kaartkarton van 10,5 x 29,7 cm. Gebruik harmonicaliniaal B. Snijd, ril en vouw de harmonicakaart. Leg het Ready-to-punch vel schuin neer en snijd het motief viermaal. Pons het patroon. Snijd drie witte vierkanten van 7 x 7 cm. Voorzie de witte vierkanten van stickerlijntjes. Plak alles op de kaart. Voorzie de kaart van rozen in 3D. Schuif de paperclips aan de rand.

Kaart 2

Nodig:

- ❑ *karton: citroen C101*
- ❑ *kristalpons nr. 1*
- ❑ *Ready-to-punch vel 1C*
- ❑ *knipvel Marjoleine paarse violen*
- ❑ *harmonicamal rechte vorm*
- ❑ *stickerlijntjes goud*

Snijd kaartkarton van 10,5 x 29,7 cm. Gebruik harmonicaliniaal A. Snijd, ril en vouw de harmonicakaart. Leg het Ready-to-punch vel recht neer en snijd het motief driemaal. Pons het patroon. Snijd drie citroenkleurige vierkanten van 3,5 x 3,5 cm. Plak alles op de kaart. Voorzie de kaart van viooltjes in 3D.

Kaart 3

Nodig:

- ❑ *karton: linde C100*
- ❑ *kristalpons nr. 2*
- ❑ *Ready-to-punch vel 2A*
- ❑ *knipvel Marjoleine sneeuwklokje*
- ❑ *harmonicamal schuine hoek*
- ❑ *groene ronde paperclips*

Snijd kaartkarton van 10,5 x 29,7 cm. Gebruik harmonicaliniaal A. Snijd, ril en vouw de harmonicakaart. Leg het Ready-to-punch vel recht neer en snijd het motief driemaal. Pons het patroon. Snijd drie lindekleurige vierkanten van 3 x 3 cm. Plak alles op de kaart. Plak de sneeuwklokjes verhoogd op de kaart. Schuif de paperclips aan de rand.

Kaart 4

Nodig:

- ❑ *karton: azuurblauw C102 en wit C335*
- ❑ *kristalpons nr. 4*
- ❑ *Ready-to-punch vel 4C*
- ❑ *knipvel Marjoleine margrieten*
- ❑ *harmonicamal rechte vorm*
- ❑ *eyelets mini ringen goud*
- ❑ *kunstraffia hemelsblauw*

Snijd kaartkarton van 10,5 x 29,7 cm. Gebruik harmonicaliniaal B. Snijd, ril en vouw de harmonicakaart. Leg het Ready-to-punch vel recht neer en snijd het motief tweemaal. Pons het patroon. Snijd twee witte rechthoeken van 7 x 10 cm. Plak alles op de kaart. Bevestig de eyelets (gebruik patroon M). Maak twee strikken van kunstraffia. Plak de margrietjes verhoogd op de kaart.

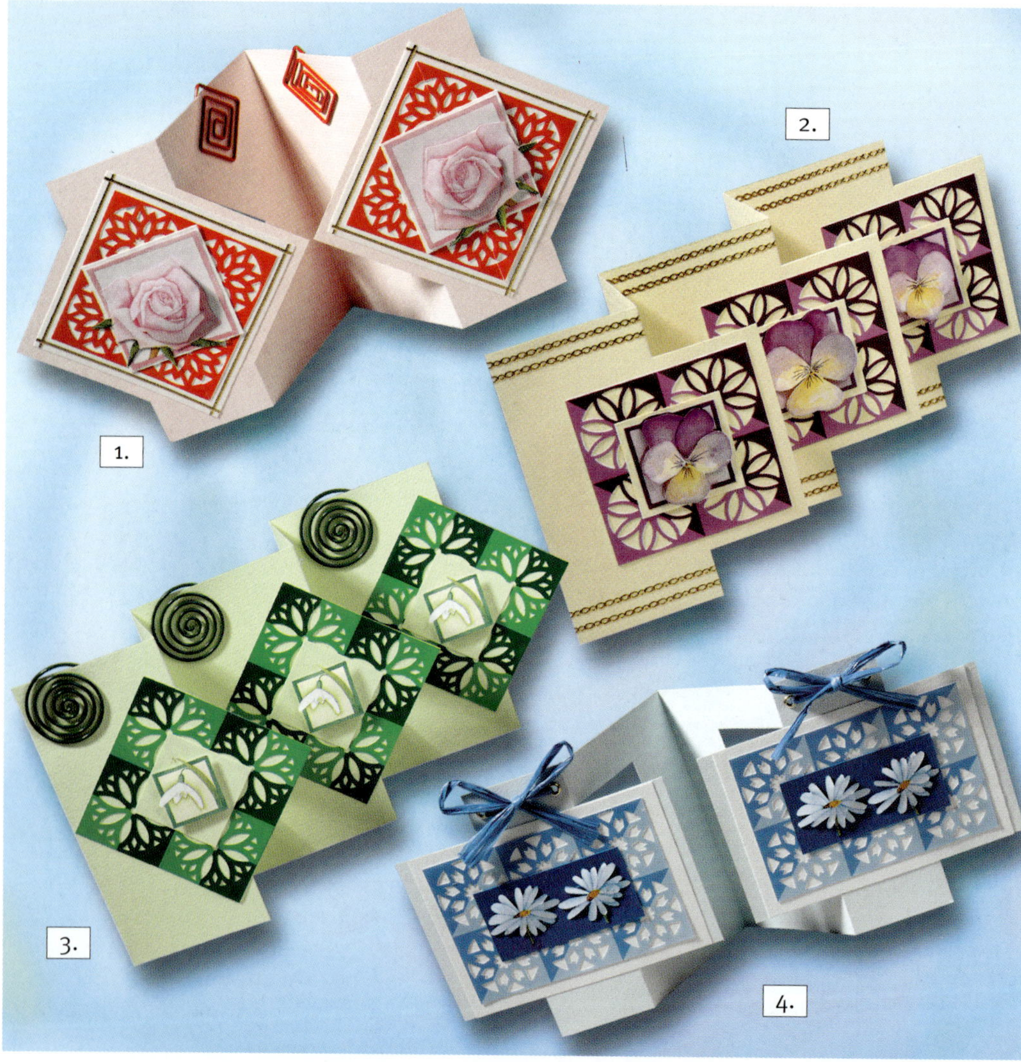
1.
2.
3.
4.

1.
2.
3.
4.

Nautisch

Nodig:
- *karton: hagelwit P30 (CA210), ijsblauw P42 (CA391) en antica jeansblauw P165*
- *papier: hagelwit P30, (CA210) ijsblauw P42 (CA391) en antica jeansblauw P165*
- *3 knipvellen MD nautica nr. 416*

Kaart 1

Extra nodig:
- *mozaïekpons ornament kruis*
- *embossingstencil kader rechthoek*
- *strassteentjes blauw 4 mm*
- *Scribbles glittering crystal*

Snijd, ril en vouw een dubbele jeansblauwe kaart van 14,8 x 21 cm. Kopieer patroon G tweemaal op wit en tweemaal op jeansblauw papier. Snijd de patronen uit en pons de stroken. Knip de witte stroken over de hulplijnen 1 en 6. Knip de jeansblauwe stroken over de hulplijnen 1, 3, 4 en 6. Plak de stroken op een ijsblauwe rechthoek van 14,85 x 18,7 cm, 0,4 cm uit de rand. Snijd een wit vierkant van 4,5 x 4,5 cm en snijd deze diagonaal door. Plak hierop de restanten van de jeansblauwe stroken. Snijd een jeansblauwe rechthoek van 9 x 12,8 cm en een ijsblauwe rechthoek van 8,6 x 12,4 cm. Embos de ijsblauwe rechthoek. Plak alles op de kaart. Voorzie de kaart van het plaatje in 3D. Doe een klein druppeltje scribbles op de plek waar de strassteentjes moeten komen en duw de strassteentjes met behulp van een pincet voorzichtig in de scribbles.

Kaart 2

Extra nodig:
- *mozaïekpons ornament abstract*
- *achtergrond embossingstencil AE1204*
- *stempelkussen paintbox pastel*
- *stempelkussen aurora*
- *sponsstokje rond 8 mm*

Snijd ijsblauw karton van 14,8 x 21 cm. Ril en vouw de kaart volgens patroon K. Kopieer patroon I viermaal op wit en tweemaal op ijsblauw papier. Snijd de patronen uit en pons de stroken. Plak twee witte stroken in zijn geheel op jeansblauw karton en snijd ze met een extra rand van 0,5 cm aan beide kanten uit. Plak ze aan de zijkant van de kaart. Knip de andere stroken over de hulplijnen 1 en 4. Plak ze op een jeansblauw vierkant van 10,4 x 10,4 cm. Snijd een jeansblauwe rechthoek van 5 x 8,2 cm en een witte rechthoek van 4,4 x 7,6 cm. Embos het witte vierkant en versier deze met twee kleuren blauwe stempelinkt. Voorzie de kaart van het plaatje in 3D.

Kaart 3

Extra nodig:

- ❑ *mozaïekpons ornament fantasie*

Snijd wit karton van 14,8 x 21 cm. Ril en vouw de kaart volgens patroon K. Kopieer patroon J vijfmaal op ijsblauw papier. Snijd de patronen uit en pons de stroken. Plak één strook in zijn geheel op jeansblauw karton en snijd deze met een extra rand van 0,5 cm aan beide kanten uit. Snijd de strook daarna doormidden en plak de twee halve stroken aan de zijkant van de kaart. Knip twee stroken over de hulplijnen 1 en 4 en knip twee stroken over de hulplijnen 1 en 5. Plak ze op een jeansblauwe rechthoek van 10,3 x 12,5 cm. Plak hier overheen een jeansblauwe rechthoek van 6,9 x 9,1 cm en een ijsblauwe rechthoek van 5,9 x 8,1 cm. Voorzie de kaart van het plaatje in 3D.

Kaart 4

Extra nodig:

- ❑ *mozaïekpons herfst*
- ❑ *deco embossingmal DE01*
- ❑ *Pritt on & off*

Snijd een jeansblauwe rechthoek van 12,6 x 14,5 cm. Kopieer patroon B viermaal op ijsblauw papier. Snijd de patronen uit en pons de stroken. Knip twee stroken over de hulplijnen 1 en 6. Knip de andere stroken over de hulplijnen 1, 3, 4 en 6. Plak de stroken op de jeansblauwe rechthoek. Let op dat de minder mooie punt naar het midden wijst. Embos een witte rechthoek van 11,4 x 9,5 cm. Snijd een jeansblauwe rechthoek van 8,4 x 6,5 cm. Plak alles op elkaar en voorzie de kaart van het plaatje in 3D Kopieer patroon L op printpapier. Snijd het patroon ruim uit en plak het met Pritt on & off op ijsblauw karton. Snijd of knip het standaardje.

Bloemen

Nodig:

- *karton: ravenzwart P01 (CA219), oranje P11 (CA545), fiëstarood P12 (CA519) en wit C335*
- *papier: oranje P11 (CA545) en fiëstarood P12 (CA519)*
- *stempelkussen pinwheel*
- *sponsstokje rond 8 mm*
- *knipvel Picturel lentebloemen*
- *knipvel Picturel rozen*

Kaart 1

Extra nodig:

- *mozaïekpons ornament zon*
- *achtergrond embossingstencil AE1204*

Snijd zwart karton van 10,5 x 21 cm. Geef aan de bovenkant het midden aan. Ril en vouw de kaart tot een driehoek. Kopieer patroon H tweemaal op rood papier. Snijd de patronen uit en pons de stroken. Knip de rode stroken over de hulplijnen 1 en 6. Plak de stroken op de kaart. Snijd een zwart vierkant van 12 x 12 cm, een oranje vierkant van 11 x 11 cm en een wit vierkant van 10 x 10 cm en snijd ze diagonaal door. Embos de witte driehoek en versier deze met oranje en rode stempelinkt. Plak de driehoeken op de kaart en snijd ze netjes langs de kaart af. Voorzie de kaart van het plaatje in 3D.

Kaart 2

Extra nodig:

- *mozaïekpons ornament blad*
- *achtergrond embossingstencil AE1212*

Snijd, ril en vouw een dubbele zwarte kaart van 10,5 x 14,8 cm. Kopieer patroon F tweemaal op oranje en tweemaal op rood papier. Snijd de patronen uit en pons de stroken. Plak de rode stroken aan de randen van de kaart. Plak de oranje stroken met een randje van 3 mm op een zwarte rechthoek van 8,3 x 14,8 cm en plak het op de kaart. Plak hier overheen een zwarte rechthoek van 5,5 x 14,8 cm. Embos een witte rechthoek van 5 x 14,8 cm en versier deze met twee kleuren groene stempelinkt. Plak de rechthoek op de kaart. Voorzie de kaart van het plaatje in 3D.

Kaart 3

Extra nodig:

- *mozaïekpons winter*

Snijd, ril en vouw een dubbele zwarte kaart van 13 x 13 cm. Kopieer patroon A viermaal op oranje en tweemaal op rood papier. Snijd de patronen uit en pons de stroken. Snijd een zwart vierkant van 9,1 x 9,1 cm, een rood vierkant van 8,1 x 8,1 cm en een wit vierkant van 7,5 x 7,5 cm. Snijd twee witte vierkanten van

1.
2.
3.
4.

Snijd, ril en vouw een dubbele zwarte kaart van 13,5 x 13,5 cm. Kopieer patroon D tweemaal op oranje en tweemaal op rood papier. Snijd de patronen uit en pons de stroken. Knip de oranje stroken over de hulplijnen 1, 3, 4A en 6A. Knip de rode stroken over de hulplijnen 1A, 3A, 4 en 6. Plak de stroken op de kaart. Snijd vier driehoeken uit de kaart 0,5 cm vanaf de opgeplakte stroken. Snijd een zwart vierkant van 8,5 x 8,5 cm en een wit vierkant van 7,5 x 7,5 cm. Embos het witte vierkant. Plak alles op de kaart. Voorzie de kaart van het plaatje in 3D.

4 x 4 cm en snijd deze diagonaal door. Plak de oranje geponste stroken half achter het zwarte vierkant en snijd de rest van de stroken weg. Knip de rode stroken over de hulplijnen 1A, 2, 3 en 4. Versier de rand van het witte vierkant met oranje en rode stempelinkt. Plak alles op de kaart. Voorzie de kaart van het plaatje in 3D.

Kaart 4

Extra nodig:

- *mozaïekpons ornament bloem*
- *Fiskars texture plates nature*

Herfst

Nodig:

- *karton: terracotta CA549 (P35), oker CA575 (P26) en crème CA241 (P27)*
- *papier: terracotta CA549 (P35), oker CA575 (P26) en crème CA241 (P27)*
- *3 knipvellen Picturel fruit decoraties*
- *3 knipvellen Picturel herfstbladeren*

Kaart 1

Extra nodig:

- *mozaïekpons ornament ster/lelie*

Snijd, ril en vouw een dubbele crèmekleurige kaart van 10,5 x 14,8 cm. Kopieer patroon E tweemaal op terracotta en tweemaal op okerkleurig papier. Snijd de patronen uit en pons de stroken. Knip de terracottakleurige stroken over de hulplijnen 1, 3, 4 en 6, zodanig dat de stroken heel blijven. Knip de okerkleurige stroken over de hulplijnen 1, 2, 3, 4, 5 en 6. Plak de stroken op de kaart. Snijd een terracottakleurige rechthoek van 4,1 x 8,4 cm. Snijd een crèmekleurig vierkant van 4,3 x 4,3 cm en snijd deze diagonaal door. Plak hierop de restanten van de terracottakleurige stroken. Plak de driehoekjes verhoogd op de kaart. Voorzie de kaart van het plaatje in 3D.

Kaart 2

Extra nodig:

- *mozaïekpons ornament abstract*
- *embossingstencil kader vierkant*

Snijd, ril en vouw een dubbele terracottakleurige kaart van 13,5 x 13,5 cm. Kopieer patroon I viermaal op okerkleurig papier. Snijd de patronen uit en pons de stroken. Lijm de stroken één voor één in en plak de kaart over de strook gelijk aan de hulplijnen 1 en 4. Knip de rest van de stroken netjes af. Snijd de hoekjes van de kaart 0,5 cm vanaf de opgeplakte stroken. Snijd een okerkleurig vierkant van 8,6 x 8,6 cm en een crèmekleurig vierkant van 7,5 x 7,5 cm. Embos het crèmekleurige vierkant. Plak alles op de kaart. Voorzie de kaart van het plaatje in 3D.

Kaart 3

Extra nodig:

- ❑ *mozaïekpons ornament bloem/hart*
- ❑ *Fiskars texture plates nature*
- ❑ *tekststicker*

Snijd, ril en vouw een dubbele okerkleurige kaart van 10,5 x 14,8 cm. Kopieer patroon C tweemaal op terracotta en tweemaal op crèmekleurig papier. Snijd de patronen uit en pons de stroken. Knip de terracottakleurige stroken over de hulplijnen 1 en 4. Knip de crèmekleurige stroken over de hulplijnen 1 en 6. Plak de stroken op de kaart. Snijd een okerkleurige rechthoek van 7 x 11,5 cm en een terracottakleurige rechthoek van 6,5 x 11 cm. Embos een crèmekleurige rechthoek van 5 x 10,5 cm. Plak de rechthoeken op de kaart. Voorzie de kaart van het plaatje in 3D. Plak de tekststicker op twee restjes karton en plak deze verhoogd op de kaart.

Kaart 4

Extra nodig:

- ❑ *mozaïekpons ornament fantasie*
- ❑ *embossingstencil kader achthoek*
- ❑ *achtergrond embossingstencil AE1209*
- ❑ *tekststicker*
- ❑ *funny fibres assorti groen*

Snijd, ril en vouw een dubbele crèmekleurige kaart van 13,5 x 13,5 cm. Kopieer patroon J tweemaal op terracotta en tweemaal op okerkleurig papier. Snijd de patronen uit en pons de stroken. Knip de stroken over de hulplijnen 1, 3, 4 en 6. Plak de stroken op de kaart. Snijd vier driehoeken uit de kaart 0,5 cm vanaf de opgeplakte stroken. Snijd een terracottakleurig vierkant van 8,5 x 8,5 cm en een crèmekleurig vierkant van 7,5 x 7,5 cm. Embos het crèmekleurige vierkant. Plak alles op de kaart. Embos twee crèmekleurige eikels en snijd ze uit. Plak één eikel op terracottakleurig karton en één op okerkleurig karton en snijd ze nogmaals uit. Voorzie de eikels van de tekststicker en hang ze aan de kaart met een stuk fibre.

1.
2.
3.
4.
Hartelijk Gefeliciteerd
Hartelijk Gefeliciteerd
Hartelijk
Gefeliciteerd

Muizen en roodborstjes

Nodig:
- ❑ *karton: donkergroen CA309 (P18) en crème CA241 (P27)*
- ❑ *Scribbles glittering crystal*

Kaart 1

Extra nodig:
- ❑ *kristalpons nr. 4*
- ❑ *Ready-to-punch vel 4B*
- ❑ *stappenvel MD muisjes nr. 434*
- ❑ *Fiskars texture plates nature*

Snijd, ril en vouw een dubbele crèmekleurige kaart van 13,5 x 13,5 cm. Leg het Ready-to-punch vel recht neer en snijd het motief tweemaal uit. Pons het patroon. Snijd een donkergroen vierkant van 10,3 x 10,3 cm, een crèmekleurig vierkant van 10 x 10 cm en een crèmekleurig vierkant van 6 x 6 cm. Embos het kleinste vierkant. Plak alles op de kaart. Voorzie de kaart van het plaatje in 3D. Stip de sneeuwvlokjes aan met glitterverf.

Kaart 2

Extra nodig:
- ❑ *kristalpons nr. 6*
- ❑ *Ready-to-punch vel 6B*
- ❑ *stappenvel MD vogels nr. 436*
- ❑ *Fiskars texture plates energy*
- ❑ *tekststicker*

Snijd, ril en vouw een dubbele donkergroene kaart van 10,5 x 14,85 cm. Leg het Ready-to-punch vel schuin neer en snijd het motief uit. Pons het patroon. Snijd een crèmekleurige rechthoek van 9,7 x 14 cm en één van 5,5 x 9,8 cm. Embos de kleinste rechthoek. Verwerk de tekststicker op karton. Plak alles op de kaart. Voorzie de kaart van het plaatje in 3D. Stip de sneeuwvlokjes aan met glitterverf.

Kaart 3

Extra nodig:
- ❑ *kristalpons nr. 3*
- ❑ *Ready-to-punch vel 3A*
- ❑ *stappenvel MD vogels nr. 436*
- ❑ *achtergrond embossingstencil AE1207*

Snijd crèmekleurig karton van 10,5 x 21 cm. Geef aan de bovenkant het midden aan. Ril en vouw de kaart tot een driehoek. Leg het Ready-to-punch vel recht neer en snijd het motief uit. Pons het patroon. Snijd een donkergroen vierkant van 9,5 x 9,5 cm en een crèmekleurig vierkant van 9 x 9 cm en snijd ze diagonaal door. Embos de kleinste driehoek. Plak alles op de kaart. Voorzie de kaart van het plaatje in 3D.

Kaart 4

Extra nodig:

- *karton: donkerrood CA519 (P43)*
- *kristalpons nr. 1*
- *Ready-to-punch vel 1A*
- *stappenvel MD muisjes nr. 434*
- *Fiskars texture plates spirit*

Snijd, ril en vouw een dubbele donkergroene kaart van 13,5 x 13,5 cm. Leg het Ready-to-punch vel recht neer en snijd het motief viermaal uit. Pons het patroon. Snijd twee crèmekleurig vierkanten van 6,5 x 6,5 cm en snijd ze diagonaal door. Plak hierop de motieven. Snijd een donkerrood vierkant van 8 x 8 cm en een crèmekleurig vierkant van 7,5 x 7,5 cm. Embos het kleinste vierkant. Plak alles op de kaart. Voorzie de kaart van het plaatje in 3D. Stip de sneeuwvlokjes aan met glitterverf.

Prettige Kerstdagen
1.
2.
3.
4.

2.
1.
Prettige
Feestdagen
Gelukkig
Nieuwjaar
Vrolijk
Kerstfeest
3.
4.

Kerstroos

Nodig:
- ❑ *karton: donkerblauw CA417 (P41) en wit CA210 (P30)*

Kaart 1

Extra nodig:
- ❑ *kristalpons nr. 1*
- ❑ *Ready-to-punch vel 1B*
- ❑ *3 knipvellen helleborus MD nr. 432*
- ❑ *achtergrond embossingstencil AE1202*

Snijd, ril en vouw een dubbele donkerblauwe kaart van 13,5 x 13,5 cm. Leg het Ready-to-punch vel recht neer en snijd het motief uit. Pons het patroon. Snijd een wit vierkant van 13 x 13 cm, een blauw vierkant van 9 x 9 cm en een wit vierkant van 8,5 x 8,5 cm. Embos het kleinste vierkant. Plak alles op de kaart. Voorzie de kaart van het plaatje in 3D.

Kaart 2

Extra nodig:
- ❑ *kristalpons nr. 2*
- ❑ *Ready-to-punch vel 2B*
- ❑ *stappenvel helleborus MD nr. 435*

Snijd, ril en vouw een dubbele donkerblauwe kaart van 13,5 x 13,5 cm. Leg het Ready-to-punch vel schuin neer en snijd het motief viermaal uit. Pons het patroon. Plak de motieven op wit karton en snijd ze uit met een extra rand van 0,5 cm. Plak alles op de kaart. Voorzie de kaart van het plaatje in 3D.

Kaart 3

Extra nodig:
- ❑ *kristalpons nr. 5*
- ❑ *Ready-to-punch vel 5A*
- ❑ *stappenvel helleborus MD nr. 435*
- ❑ *tekststicker*

Snijd, ril en vouw een dubbele donkerblauwe kaart van 13,5 x 13,5 cm. Leg het Ready-to-punch vel schuin neer en snijd het motief viermaal uit. Pons het patroon. Plak de motieven op een wit vierkant van 13 x 13 cm. Snijd een wit vierkant van 7,3 x 7,3 cm en een blauw vierkant van 7 x 7 cm. Plak alles op de kaart. Voorzie de kaart van het plaatje in 3D.

Kaart 4

Extra nodig:
- ❑ *kristalpons nr. 3*
- ❑ *Ready-to-punch vel 3B*
- ❑ *3 knipvellen helleborus MD nr. 432*
- ❑ *tekststicker*

Snijd, ril en vouw een dubbele donkerblauwe kaart van 10,5 x 14,85 cm. Leg het Ready-to-punch vel schuin neer en snijd het zijmotief tweemaal en het hoekmotief viermaal uit. Pons het patroon. Plak de zijmotieven op een witte rechthoek van 10 x 13,8 cm. Snijd twee witte vierkanten van 5 x 5 cm en twee blauwe vierkanten van 5,5 x 5,5 cm. Plak alles op de kaart. Voorzie de kaart van het plaatje in 3D.

Koolmeesjes

Nodig:
- ❑ *karton: terracotta CA549 (P35), oker CA575 (P26) en naturel CA211 (P03)*
- ❑ *3 knipvellen MD koolmeesjes nr. 406*
- ❑ *stappenvel MD vogels nr. 436*

Kaart 1

Extra nodig:
- ❑ *kristalpons 5*
- ❑ *Ready-to-punch vel 5B*
- ❑ *Fiskars texture plates spirit*

Snijd, ril en vouw een dubbele okerkleurige kaart van 13,5 x 13,5 cm. Leg het Ready-to-punch vel schuin neer en snijd het motief viermaal uit. Pons het patroon. Plak de motieven op naturelkleurig karton en snijd ze uit met een extra rand van 0,5 cm. Snijd een naturelkleurig vierkant van 8,5 x 8,5 cm. Embos dit vierkant. Plak alles op de kaart. Voorzie de kaart van het plaatje in 3D.

Kaart 2

Extra nodig:
- ❑ *kristalpons 4*
- ❑ *Ready-to-punch vel 4A*
- ❑ *Fiskars texture plates illusion*

Snijd, ril en vouw een dubbele naturelkleurige kaart van 13,5 x 13,5 cm. Leg het Ready-to-punch vel schuin neer en snijd het motief viermaal uit. Pons het patroon. Snijd een terracottakleurig vierkant van 7,7 x 7,7 cm. Embos dit vierkant. Plak alles op de kaart. Voorzie de kaart van het plaatje in 3D.

Kaart 3

Extra nodig:
- ❑ *kristalpons 2*
- ❑ *Ready-to-punch vel 2C*
- ❑ *Fiskars texture plates energy*
- ❑ *tekststicker*

Snijd, ril en vouw een dubbele terracottakleurige kaart van 13,5 x 13,5 cm. Leg het Ready-to-punch vel schuin neer en snijd het motief viermaal uit. Pons het patroon. Plak de motieven op een naturelkleurig vierkant van 13 x 13 cm. Snijd een terracottakleurig vierkant van 8,5 x 8,5 cm en een naturelkleurig vierkant van 8 x 8 cm. Embos het kleinste vierkant. Verwerk de sticker op karton. Plak alles op de kaart. Voorzie de kaart van het plaatje in 3D.

Kaart 4

Extra nodig:
- ❑ *kristalpons nr. 6*
- ❑ *Ready-to-punch vel 6C*
- ❑ *achtergrond embossingstencil AE1212*

1.
2.
Hartelijk
Gefeliciteerd
3.
4.

Snijd okerkleurig karton van 14,8 x 21 cm. Ril en vouw de kaart volgens patroon K. Leg het Ready-to-punch vel schuin neer en snijd het zij-motief tweemaal. Leg het vel recht neer en snijd het middenmotief. Pons het patroon. Snijd twee naturelkleurige stroken van 2,5 cm breed. Snijd een naturelkleurige rechthoek van 10 x 13 cm en één van 6 x 9 cm. Embos de kleinste rechthoek. Plak alles op de kaart. Voorzie de kaart van het plaatje in 3D.

patronen A, B, C en D

patronen E, F, G, H en I

patroon J

patroon K, te vergroten met 133%

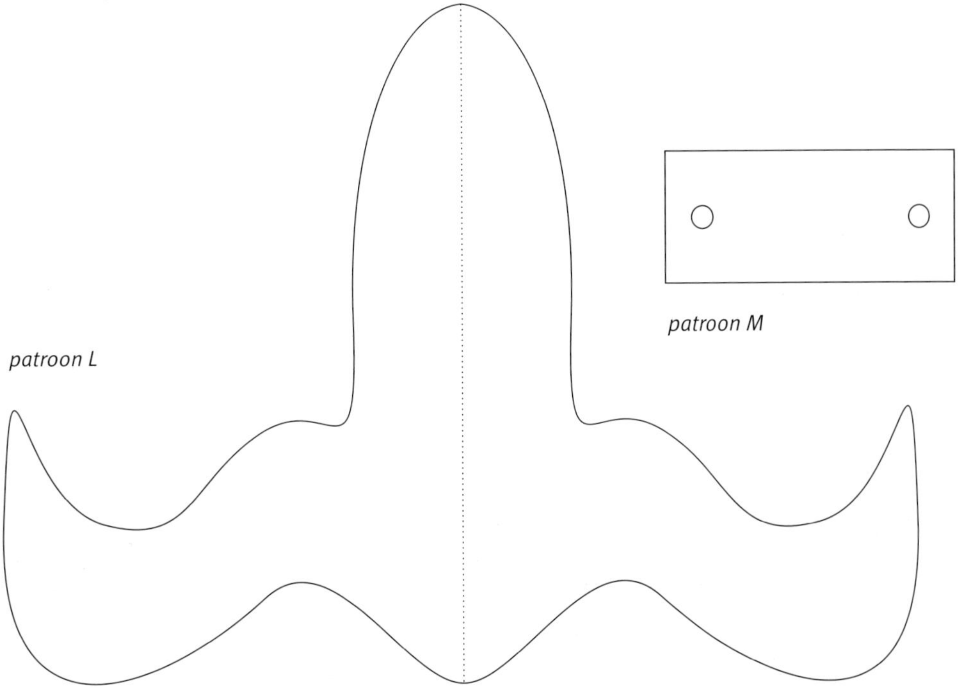

patroon M

patroon L

Met dank aan Kars & Co B.V. te Ochten, Van Cooth & Partners B.V. te Almere en Hobbyzaak Crealies te Amersfoort voor het ter beschikking stellen van de materialen. De gebruikte materialen zijn door winkeliers te bestellen bij Kars & Co B.V., Van Cooth & Partners B.V., Crealies en Papicolor.

De gebruikte materialen zijn door particulieren o.a. te bestellen bij Hobbyzaak Crealies, Anna Boelensgaarde 23, 3824 BR Amersfoort, 033 4564052 (tot 18.00 uur) De winkel is open na afspraak. E-mail: info@cralies.nl. Kijk ook eens op www.crealies.nl. Je kunt op de hoogte blijven van alle nieuwe producten van mijn hand door het info-formulier op de website in te vullen.